D0927388

Guide de survie
pour l'enseignant suppléant

Guide de survie
pour l'enseignant suppléant

Anne Bérubé

Geneviève Racine

Les Presses de L'Université Laval • 2002

Les Presses de l'Université Laval reçoivent chaque année du Conseil des Arts du Canada et de la Société de développement des entreprises culturelles du Québec une aide financière pour l'ensemble de leur programme de publication.

CANADA Nous reconnaissons l'aide financière du gouvernement du Canada par l'entremise du Programme d'aide au développement de l'industrie de l'édition (PADIÉ) pour nos activités d'édition.

Données de catalogage avant publication (Canada)

Bérubé, Anne, 1976-
Racine, Geneviève 1974-

    Guide de survie pour l'enseignant suppléant

    (Collection Formation et professions)
    Comprend des réf. bibliogr.

    1-Enseignement. 2- Pédagogie. 3-Interaction en éducation.
    4-Programme d'études-Planification. 5-Classes (Éducation) - Conduite.
    6-Appentissage.

Révision pédagogique : Gemma Picard et Lucille Malenfant
Révision linguistique : Lucille Malenfant

Illustrations et page couverture : Isabelle Simard
Mise en pages : Isabelle Simard et Chantal Santerre

5e tirage: 2004

Distribution de livres Univers
845, rue Marie-Victorin
Saint-Nicolas (Québec)
G7A 3S8
Tél. (418) 831-7474 ou 1 800 859-7474
Téléc. (418) 831-4021
http://www.ulaval.ca/pul

À celles et à ceux qui ont rêvé un jour d'avoir « leur classe »,
et pour qui ce rêve sera bientôt réalité...

TABLE DES MATIÈRES

Remerciements

Avant-propos

Petit étudiant deviendra enseignant. 3

Par où commencer?. 7

États psychologiques du suppléant :
d'un extrême à l'autre 13

Un rôle de première classe 17

Quelques cas typiques. 25

Six recettes éprouvées 35

Des choix pédagogiques 43

La conscience du travail bien fait. 49

À vous de jouer 55

REMERCIEMENTS

Nous voulons d'abord remercier nos deux familles pour nous avoir transmis le goût d'enseigner.

Merci à mes parents, Rachel Cogné et Yvon Racine, pour avoir cru en moi et m' avoir donné le goût de suivre leurs traces; merci également à Isabelle Howe, pour son oreille attentive et son support au quotidien. Geneviève

Merci à ma mère et à mon père, Marcelle Pouliot et Laurier Bérubé, pour avoir fourni logis, ordi et appui lors de l'écriture; je ne voudrais passer sous silence grand-maman Claire qui a été et sera toujours un point de référence en tant que personne et enseignante. Anne

Un merci spécial à Louise et à Denis Lalonde, pour avoir pris le temps de lire attentivement notre texte à ses débuts.

Merci à nos amies qui nous ont encouragées et nous ont supportées dans les moments d'incertitude.

Finalement, merci aux enfants qui nous ont inspirées et avec lesquels nous avons acquis notre savoir-faire.

AVANT-PROPOS

«Dans le temps, les suppléants*, ils en arrachaient avec nous autres!» Cette fameuse phrase ne manque pas de nous faire sourire, car ce sont souvent les suppléants eux-mêmes qui la citent! De nos jours aussi, c'est bien connu, celui qui remplace l'enseignant habituellement en poste en voit parfois de toutes les couleurs. Mais qu'est-ce qu'un suppléant? C'est un enseignant de passage, qui prend la place d'un autre enseignant, et cela pour de courtes, de moyennes ou de longues durées. Bref, il doit prendre une place importante, en avant-scène, tel un chef d'orchestre qui doit tout coordonner pour ne pas entendre trop de fausses notes. Et pour des élèves, jeunes ou moins jeunes, remplacer veut souvent dire être la « copie conforme » de, c'est-à- dire avoir les mêmes habitudes, les mêmes connaissances, la même routine, alors que le remplaçant n'a, la plupart du temps, jamais vu l'enseignant! Tout un contrat qui se vit souvent comme un véritable tour de montagnes russes : une fois embarqué, vous devez y rester et vivre l' expérience avec ses hauts et ses bas... Amateurs de sensations fortes, vous serez bien servis!

N'empêche que le suppléant est un professionnel de l'enseignement, rémunéré pour enseigner, et ce, quelles que soient les circonstances. Qu'est-ce qui fait donc la différence entre ces suppléants qui ont toujours l'air de tout contrôler et ceux qui quittent une classe comme s'ils sortaient de la jungle amazonienne?

Ce livre n'a pas la prétention de vous offrir une formation complète pour devenir un bon suppléant. Il se veut simplement un recueil de trucs concrets et facilement applicables pour le suppléant d'une école primaire ou secondaire. Il contient des principes faciles à

* Le générique masculin est utilisé sans aucune discrimination tout au long de l'ouvrage dans le seul but d'alléger le texte.

mettre en place, convenant à n'importe quel type de gestion de classe. Nous vous proposons des méthodes de travail diversi-fiées qui peuvent s'adapter aux circonstances que vous aurez sans doute à vivre. Il s'agit en fait d'idées acquises, soit par l'expérience, soit lors de discussions avec des collègues. Nous espérons qu'elles vous simplifieront le travail et vous donneront encore plus de plaisir à enseigner! Mais si ce n'est pas le cas, ne lancez pas la serviette (ni ce livre!) car, malgré toute notre bonne volonté de vous transmettre des principes facilitants, il se peut que rien ne se passe comme vous le voulez et qu'à la fin d'une journée des plus terribles, vous pensiez réorienter votre carrière! Parfois, on n'y peut rien : en effet, certains élèves sont difficiles, voire insupportables. C'est une réalité qui ne doit pas remettre en cause vos compétences. Essayez tout de même de retirer du positif de ces journées infernales. Dites-vous que ce sont ces journées qui exigeront persévérance et détermination, qui vous pousseront à vous surpasser afin de devenir un meilleur enseignant.

Les auteures

PETIT ÉTUDIANT DEVIENDRA ENSEIGNANT

Du statut d'étudiant...

Quand on est étudiant universitaire, on croit qu'un excellent dossier scolaire est la clef pour nous permettre d'ouvrir rapidement toutes les portes menant à l'emploi. Cette illusion est nourrie par le fait que plusieurs tendent à concentrer toutes leurs énergies sur l'obtention d'excellents résultats scolaires, souvent au détriment du développement de leur personnalité, de leurs goûts et de leurs intérêts pédagogiques. Nous ne voulons pas dire ici que les notes n'ont pas d'importance, bien au contraire! À compétences égales, on choisira certainement le candidat qui a une moyenne supérieure au bulletin. Cependant, les bonnes notes à elles seules ne vous propulseront pas automatiquement sur une chaise d'enseignant!

Il ne faut donc pas se laisser entraîner dans un engrenage de cours théoriques qui nous rendront aveugles face aux diverses facettes de l'enseignement et aux autres expériences que nous devrons vivre pour évoluer. Du temps devra être consacré, par exemple, pour voir comment on veut approfondir un aspect de l'enseignement, pour s'informer de ce qui se passe ailleurs en enseignement (autres provinces ou pays), pour connaître ses forces et remédier à ses faiblesses et, enfin, pour échanger avec des collègues, ce qui pourrait être le début d'un réseau de contacts. Bâtir sa propre idée de la profession, cela se fait non seulement à partir de ce qui a été donné à l'université mais aussi sur le terrain. En éducation, connaissances et expériences se relient et mènent souvent à l'efficacité. Aussi, demandez à participer aux colloques, allez aux conférences, tenez-vous au courant des nouvelles tendances! Ces actions vous permettront d'élargir vos horizons, de parfaire votre culture générale et, surtout, d'exercer votre jugement critique. Voilà des façons de compléter votre formation universitaire. À vous d'en trouver d'autres!

...au statut de suppléant

Une fois passée l'euphorie du diplôme acquis, comment faire le saut du statut d'étudiant vers celui d'enseignant? Avant d'obtenir le poste rêvé, vous devrez très probablement faire de la suppléance pendant quelque temps. Notez bien qu'il n'est pas nécessaire d'attendre la fin de vos études pour amorcer le processus d'embauche dans les commissions scolaires. Commencez à y penser quelques mois avant la fin de vos études. La démarche diffère d'un champ d'enseignement à l'autre et peut parfois s'avérer longue et laborieuse. Par contre, dans plusieurs commissions scolaires, il y a un réel manque de personnel suppléant pour certaines matières données au niveau secondaire; dans un tel cas, vous n'aurez donc pas à faire des pieds et des mains pour vous faire embaucher.

Nous nous permettons de vous redire que le statut de titulaire de classe est bien différent de celui de suppléant. Pour le suppléant, cette période transitoire lui donnera la chance d'enrichir son bagage pratique en découvrant les réalités de divers établissements scolaires et en acquérant de multiples expériences. Il travaillera dans des classes du préscolaire jusqu'à la sixième année du primaire ou de la première à la cinquième année du secondaire, remplaçant même parfois les spécialistes de musique, d'arts ou d'éducation physique, et ce, peut-être à l'intérieur d'une même semaine! En ce qui concerne les contenus des programmes, ce suppléant devra survoler la matière et non l'approfondir. Chacun est spécialisé dans son domaine. Mais compte tenu de sa formation en pédagogie, on s'attend à ce qu'il puisse se « débrouiller » dans n'importe quelle situation de classe. De toute manière, un enseignant de sciences physiques qui se fait remplacer par un suppléant spécialisé en français et histoire ne pourra exiger de ce dernier qu'il mène des expériences complexes ou qu'il enseigne un contenu spécifique à la matière. En général, le personnel en charge de la suppléance essaie le plus possible de trouver une personne dans le même champ d'enseignement, ce qui a souvent pour effet d'augmenter considérablement la qualité de la suppléance. Cependant, cet idéal n'est pas toujours réalisable, faute de suppléant disponible ce jour-là. Quoi qu'il en soit, le travail laissé par le titulaire est souvent léger et repris le cours suivant, question de faire un lien entre les parties de la matière. S'il sait que la matière sera éventuellement revue avec les exigences du titulaire, cela devrait enlever un poids des épaules du suppléant.

On l'a dit, le suppléant est appelé à remplacer différents enseignants, dans différents milieux. Le fait de changer constamment de niveau a ses avantages : on acquiert une meilleure connaissance de l'évolution intellectuelle des élèves et on développe ainsi une aisance à leur fournir du travail approprié selon leur groupe d'âge. Cependant, du côté de la gestion de classe, il est bien connu qu'il sera habituellement plus difficile pour le suppléant que pour l'enseignant de maintenir la discipline. En effet, la principale différence entre l'enseignant et le suppléant est que le premier connaît bien ses élèves et sait comment maximiser ses efforts afin de leur venir en aide et faciliter leurs apprentissages. Il sait aussi habituellement comment contrôler efficacement les comportements négatifs et favoriser les positifs. Par contre, le suppléant ne passera probablement pas assez de temps dans une même classe (à moins d'avoir un contrat à long terme) pour analyser les cas d'élèves posant problème, pour communiquer avec les parents, pour trouver et pour appliquer des conséquences reliées aux mauvais gestes des élèves, etc. Mais, à défaut de cela, le suppléant a la chance de pouvoir dire au groupe, dès son arrivée, que chaque élève repart à zéro avec lui et que chacun peut montrer ce qu'il sait faire. Il s'agit là, pour le suppléant, de moments propices à l'expérimentation pratique de concepts théoriques vus au cours de sa formation universitaire ou lors des stages. Il faut profiter de cette expérience pour emmagasiner, c'est-à-dire retenir ce que l'on voit et ce que l'on aimerait -ou non- reproduire plus tard dans sa propre classe. Et avant tout, il faut garder à l'esprit l'idée de créer de bons liens avec les élèves afin de leur donner le goût d'apprendre.

Soulignons enfin que, dans certaines écoles, les suppléants sont, malheureusement, plutôt laissés à eux-mêmes: il semblerait qu'on n'a pas le temps de leur parler. Il vous faudra garder la tête haute. Vous n'êtes pas moins bon qu'un enseignant régulier, vous avez seulement moins d'expérience. Vous êtes un enseignant comme les dix autres assis à la table pour le dîner. Nous savons, pour l'avoir entendu, que certains professeurs préfèrent délibérément être suppléants. Pensez-y! Pas de correction, pas de planification, pas de rencontres de parents... et un salaire horaire assez alléchant. Certains enseignants voulant diminuer leur charge de travail optent donc pour ce statut à temps partiel.

PAR OÙ COMMENCER?

Voici quelques étapes à franchir afin de décrocher l'emploi tant espéré.

1

Ayez sous la main un bon curriculum vitae, sans faute d'orthographe et de syntaxe, qui fait mention de vos expériences pertinentes dans le domaine de l'enseignement et de vos stages.

2

Si vous voulez travailler rapidement et si le lieu d'emploi vous importe peu, faites une étude des milieux et ciblez les régions propices à l'embauche de nouveaux enseignants; dans certaines régions plus éloignées, vous ne ferez peut-être pas de suppléance. On vous embauchera immédiatement comme enseignant, le pesonnel étant plus rare. Dans les grands centres urbains, la main-d'oeuvre est plus abondante; vous aurez peut-être à prendre votre mal en patience avant de signer un contrat.

3

Appelez au service des ressources humaines des commissions scolaires pour connaître les démarches à faire afin d'être inscrit sur la liste de suppléance. N'hésitez pas à aller porter votre curriculum. Demandez à rencontrer le directeur du service pour lui manifester votre grand intérêt et vos disponibilités. Un sourire, une poignée de main et un bon contact s'oublient moins vite qu'un C.V. laissé sur le coin d'un bureau et laissent généralement une meilleure impression.

4

Inscrivez-vous aux examens requis, s'il y a lieu. Dans certaines commissions scolaires, on vous fera passer un test de français écrit et parfois un autre d'informatique. La plupart du temps, réussir ces tests est un préalable pour être sélectionné aux entrevues.

5

N'hésitez pas à recontacter les responsables de la sélection du personnel pour vous assurer de ne pas manquer les entrevues.

N'attendez pas qu'ils viennent vous chercher; faites-vous connaître et reconnaître.

6

Une fois ces étapes réussies, on vous fera passer une entrevue. Elle est généralement courte et fait appel aux connaissances ainsi qu'à l'expérience pratique que vous avez acquises au cours du baccalauréat. Vos qualités personnelles et vos valeurs entrent aussi en jeu. Une bonne préparation est donc de mise. Pour ce faire, vous aurez intérêt à consulter divers ouvrages portant sur les techniques d'entrevue. De plus, revoyez vos notes, les programmes d'étude, les grandes lignes de la réforme et toute autre information pertinente sur cet éventuel employeur. En entrevue, n'hésitez pas à parler de vos stages et de ce qu'ils vous ont appris. Même si vous êtes débutant, vous avez un bagage non négligeable et il serait dommage d'en faire abstraction. Si vous ne pouvez répondre à une question, restez calme, étirez le temps en vous mouchant ou en buvant un peu d'eau... et pendant ce temps RÉFLÉCHISSEZ ! Si la réponse ne vient toujours pas, avisez votre interlocuteur que vous n'hésiterez pas à vous documenter sur le sujet. Un dernier conseil : **soyez vous-même!**

7

Faites-vous faire des cartes d'affaires que vous distribuerez dans les écoles.

8

Procurez-vous un téléphone cellulaire. C'est un investissement qui sera vite remboursé. Grâce à cet outil, vous pourrez recevoir un appel où que vous soyez; ainsi, vous ne vous empêcherez pas de sortir de peur de manquer une offre d'emploi.

9

Une fois sur la liste de suppléance, faites la tournée des écoles. Vous devrez probablement y consacrer plusieurs jours. Adressez-vous à la secrétaire et aux enseignants et informez-vous sur leur mode de sélection des suppléants. Parfois, ce sont les enseignants eux-mêmes qui contactent les suppléants. Laissez vos cartes d'affaires dans leur pigeonnier. D'autres fois, ce sont les secrétaires qui utilisent leur liste de priorités. Celle-ci contient les noms des suppléants qui travaillent régulièrement dans l'établissement. Il existe aussi des commissions scolaires qui utilisent un service d'appels centralisé pour la recherche de suppléants. Les enseignants y téléphonent pour faire une demande de suppléance. Appelez la charmante personne qui s'occupe de ce service et dites-lui que vous êtes disponible pour travailler. Jouez d'humour; dites-lui qu'elle seule peut vous aider à payer votre facture d'électricité!

10

Restez confiant. Vous travaillerez peu au début, mais bientôt, vous serez dans l'obligation... de refuser du travail!

Le premier appel

C'est énervant, mais restez calme! Ils ont besoin de vous! Vous risquez de recevoir un appel dès 6 heures du matin ou encore vers 23 heures! N'abusez donc pas trop des bonnes choses les soirs de semaine, car vous en payerez le prix le lendemain! Gardez toujours un bloc-notes à portée de main, car votre interlocuteur aura des directives importantes à vous transmettre: début des cours, niveau de la classe, surveillance ou spécialité s'il y a lieu, etc. Voyez plus loin l'aide-mémoire que vous pourriez photocopier et laisser à côté du téléphone, histoire de ne rien oublier. Servez-vous-en pour les futurs appels ou pour faire un bilan ou un décompte de vos journées de suppléance. De plus, renseignez-vous sur la localisation de l'école et la façon de vous y rendre. Ayez dans votre voiture une carte routière de la ville.

Ça y est! Vous avez maintenant acquis le statut de TRAVAILLEUR (rémunéré, enfin!) dans le domaine de l'enseignement!!!

AIDE-MÉMOIRE

Date : _____

Nom de l'école : _____
_____

Adresse de l'école : _____
_____
_____

Numéro de téléphone : _____

Nom du prof à remplacer : _____
_____

Niveau : _____
_____

Matières (au secondaire): _____
_____

Horaire : _____
_____

Surveillance : _____
_____

ÉTATS PSYCHOLOGIQUES DU SUPPLÉANT : D'UN EXTRÊME À L'AUTRE

Si vous vous êtes fait plusieurs amis pendant votre séjour à l'université, la première chose dont vous vous rendrez compte lorsque vous aborderez le marché de l'emploi, c'est qu'ils deviendront vite de réels compétiteurs! Vous ne devrez compter que sur vous-même pour parvenir à vos fins. Vous risquez aussi de passer par différents états psychologiques au cours des mois qui suivront la fin de vos études. Voyons cela d'un peu plus près.

Des débuts lents et diversifiés

Nous ne vous cacherons pas que c'est long avant de se faire connaître, surtout dans les villes où il y a une université offrant le programme en enseignement. Les écoles sont souvent saturées de cartes d'affaires venant de jeunes personnes désireuses de travailler et de stagiaires prêts à se dévouer corps et âme. Même en faisant le tour des écoles, même en parlant avec les soi-disant personnes influentes et même en apportant le café-crème aux directeurs d'écoles, rien n'aura autant de poids que les journées où vous travaillerez et au cours desquelles vous ajouterez des cartes à votre jeu. Vous aurez votre chance un jour. Malgré tous vos efforts, ce n'est souvent qu'une question de synchronisme. Votre destin se joue parfois comme un coup de dé: si votre nom est pigé et que vous êtes disponible pour aller travailler dans une classe où l'enseignant ne revient plus, le contrat sera bien à vous et non à l'autre qui aurait très bien pu être à votre place s'il n'avait été dans sa douche quand le téléphone a sonné!

Faute de faire du 35 heures par semaine, vous serez peut-être obligé d'accepter d'autres tâches connexes à l'éducation. Par exemple, les services de garde des écoles feront appel à vous pour vous occuper des élèves le midi ou le soir; on vous sollicitera pour donner des cours du soir à des élèves en difficultés, du genre S.O.S. Études, aide aux devoirs, etc. Que faire? Accepter ou refuser? Le salaire ne devrait pas justifier votre choix. Gagnerez-vous 20 $ après impôt pour passer deux heures à servir le dîner à des élèves surexcités ou encore parcourrez-vous 20 kilomètres pour aller donner une heure de cours à un élève? Tout cela pour gonfler votre compte en banque d'une quinzaine de dollars! La décision n'appartient qu'à vous. Si vous croyez plus important d'aider un élève en difficulté le vendredi soir au lieu de sortir avec les copains, faites-le. Si vous souhaitez pratiquer votre discipline, votre sens de l'organisation et votre débrouillardise auprès de groupes d'enfants que vous connaissez peu, acceptez un travail temporaire en service de garde! Essayez d'en retirer des bénéfices tant personnels que professionnels. L'important, c'est que cela ne monopolise pas tout votre temps et ne vous empêche pas d'enseigner dans des classes, ce pour quoi vous avez été formé.

Le travail autonome et productif

À travers toutes les petites occupations que vous aurez pendant les premiers temps, vous devrez trouver du temps pour «gérer» votre carrière, vous fixer des buts et trouver des stratégies pour les atteindre. Considérez que vous faites du 9 à 5, même quand vous ne travaillez pas!

Grosse journée!

C'est mardi, vous ne travaillez pas. Levez-vous tout de même assez tôt, prenez un bon café, attardez-vous aux offres d'emploi dans le journal et ouvrez vos dossiers. Dans votre dossier *Recherche d'emploi*, vous avez les noms et numéros des personnes que vous avez jointes dans les commissions scolaires au cours des dernières semaines. Vous les rappelez afin qu'elles donnent suite à votre dossier (autrement dit, vous les talonnez). Il y a deux écoles que vous n'avez pas encore visitées; vous vous y rendez afin de vous enquérir de leur besoin de personnel en suppléance. De plus, vous laissez vos coordonnées et votre beau grand sourire. En revenant, vous vous arrêtez dans un magasin à petits prix afin d'acheter du matériel scolaire en prévision de récompenses à donner aux élèves lors de journées de suppléance. (Mettez tout ça sur votre compte de dépenses et retournez dîner à la maison !!!)

Oups! Le cellulaire sonne, vous travaillerez demain. Parfait. Dans l'après-midi, mettez de l'ordre dans votre paperasse. Cela fait plusieurs fois que vous prenez des notes sur ce que vous voyez dans les classes; maintenant, il vous faut consigner le tout avec ordre. Par exemple, vous divisez un grand cartable en trois sections : gestion de classe, organisation physique de la classe, contenu. Vous y annexez quelques feuilles pertinentes du livre *Quand revient septembre* [*], puis vous poursuivez votre lecture du *Guide de survie pour l'enseignant suppléant*. Déjà quatre heures? Une autre bonne journée de faite! L'apéro est bien mérité!

Nous vous proposons plus loin des activités que vous pouvez faire lors de vos temps libres. Ces activités valent mieux que l'oisiveté et vous aideront dans les moments plus difficiles. Lorsque vous vous rendrez compte que dans tout le mois, vous n'avez remplacé que sept jours, vous vous direz au moins ceci : « J'ai employé mon temps de manière intelligente, j'ai tout de même travaillé de façon productive dans mon domaine ». Certains suppléants voudront profiter de leurs moments libres pour lire sur des sujets qu'ils n'avaient jamais encore eu le temps d'explorer. C'est également le temps de s'abonner à différentes revues telles que *Vie Pédagogique*, *Options*, *Contact*, *Québec-français*, etc. Bref, profitez de cette période de votre vie pour faire ce qui vous plaît en enseignement.

Suggestions d'activités à faire lors de votre temps libre

- *Mettez votre curriculum vitæ à jour.*
- *Construisez-vous une bonne banque d'activités de toutes sortes pour tous les degrés. Vous pouvez aller dans une didacthèque ou les fabriquer vous-même.*
- *Faites-vous des feuilles-types pour écrire des mots aux enseignants remplacés.*
- *Courez les foires de livres; ils pourraient être utiles pour les élèves ou pour vous. Lire une page ou un bon passage de roman est une excellente façon de calmer une classe.*

[*] Jacqueline Caron, *Quand revient septembre*, Éditions de la Chenelière, 1997

- *Visitez des personnes susceptibles de vous aider, de vous donner de précieux conseils (enseignants à la retraite, conseillers en orientation, employés des centres de placement).*
- *Lisez et consultez Internet. Informez-vous sur tout ce qui se fait de nouveau dans le domaine de l'enseignement; cela nourrira peut-être vos prochaines entrevues ou vos cours.*
- *Préparez-vous à une éventuelle entrevue en relisant vos notes (ça arrive vite et nous ne sommes jamais assez prêts!).*
- *Etc.*

Autre point important, ne négligez pas votre forme physique: le sport augmente la résistance à la fatigue et à la déprime. Abonnez-vous à un centre de conditionnement, à la piscine, etc. Profitez de vos journées de congé pour faire de l'exercice. Entretenez votre santé mentale et physique, vous serez à l'abri du vague à l'âme et de la dépression. Plusieurs suppléants se remettent en question lorsqu'ils voient que le marché de l'emploi n'est pas l'eldorado promis depuis des années par les statistiques. On se dit qu'on n'est pas bon, que nous avons gaffé, que les élèves ne nous ont pas aimés. Nous vous disons qu'il ne faut pas trop chercher à comprendre (dans certains cas) la façon dont les écoles choisissent leur personnel. Si vous avez la chance de tomber sur une école « fidèle », satisfaite de vos services et qui pense toujours à vous en premier, bravo! Mais si vous allez dans plusieurs écoles sans trop avoir le temps d'y faire votre marque, vous devrez patienter probablement un bout de temps avant d'avoir quelque chose d'intéressant. Ne désespérez pas. Prenez le temps de socialiser avec les enseignants des écoles que vous visiterez puisque ceux-ci se parlent et se recommandent des suppléants. La fin de semaine, décrochez de l'enseignement. Allouez-vous du temps pour des vacances, prenez également des moments de farniente sans pour autant vous sentir coupable. Et dites-vous que la majorité des finissants passent par ces moments d'angoisse.

UN RÔLE DE PREMIÈRE CLASSE

Voici une journée type de suppléance. Elle est divisée en plusieurs étapes, qui vont du début à la fin de la journée.

En coulisses

Préparez vos journées à l'avance. Achetez des dîners congelés pour en avoir toujours un sous la main; cela vous évitera de faire des sandwichs à 6h30 le matin alors qu'on vient de vous appeler pour entrer au travail à 7h30, et ce, pour une journée complète. Il est préférable pour vous de dîner à l'école pour deux bonnes raisons. D'abord, vous vous ferez connaître du personnel de l'école et ensuite, vous aurez plus de temps pour revoir votre planification de l'après-midi ou pour vous réorganiser, au besoin.

Prévoyez toujours du temps supplémentaire pour vous rendre à l'école. Vous serez donc prêt à faire face aux éventuels imprévus (congestion routière, égarement, etc.). A-t-on besoin de souligner ici l'importance de votre présentation physique? Elle influence le jugement que porteront le personnel et les élèves sur vous. Ne sortez pas vos petites tenues du vendredi soir ou vos jeans de fin de semaine; votre habillement doit être plutôt sobre, classique et confortable. Ne mâchez pas de gomme. N'oubliez pas votre porte-documents ou mallette qui devra contenir agenda, banque d'activités au cas où l'enseignant n'aurait pu laisser de planification, récompenses s'il y a lieu, étui à crayons, bouteille d'eau et, bien sûr, ce petit chef-d'oeuvre que vous tenez présentement entre les mains!

Ça y est, vous êtes dans l'école! Rendez-vous d'abord au secrétariat afin de vous présenter, de prendre, s'il y a lieu, les clefs de la classe et autres documents laissés à votre attention. La façon d'encadrer les suppléants diffère d'une école à l'autre; à vous de vous renseigner. Au passage, allez à la salle du personnel, histoire de connaître votre environnement humain et d'échanger quelques minutes avec les enseignants. Faites-vous connaître.

L'avant-première

Allez en classe. Il est très probable que l'enseignant que vous remplacez vous ait laissé une planification. Lisez-la et vérifiez si vous avez tout le matériel nécessaire pour la mettre en œuvre. Regardez les manuels qui serviront à votre enseignement. Faites un survol des activités afin de maîtriser le plus possible la matière; regardez si vous avez les corrigés ainsi que les guides du maître. N'hésitez pas à ajouter ou à mettre en évidence avec un crayon surligneur les heures de transition (récréation, collation et toilettes, départ). Dans le feu de l'action, vous devrez avoir accès rapidement à ces informations afin d'éviter une mauvaise gestion du temps, ce qui pourrait vous faire perdre le contrôle du groupe.

Si l'enseignant ne vous a pas laissé de planification, soyez vous-même l'artisan de votre journée! Renseignez-vous auprès des enseignants du même degré que vous sur la matière sur-volée des derniers jours; questionnez les élèves pour savoir ce qu'ils ont fait la veille; utilisez votre propre matériel. Au pri-maire, les murs sont généralement remplis d'information. Cela vous donnera une bonne idée de la gestion de la classe. N'oubliez pas de mettre les élèves à contribution. Si vous vous en faites des alliés, vous aurez beaucoup moins de risque de voir surgir des problèmes de comportement. Autant les plus jeunes que les plus âgés aiment aider et se rendre utiles. Donnez-leur des tâches et spécifiez que vous ne savez pas tout. Si vous avez la chance de remarquer un élève de la classe qui semble sérieux, profitez-en et questionnez-le sur les façons de faire de l'enseignant, la matière vue récemment, les devoirs à corriger ou l'étude des derniers cours. Menez votre petite enquête. Le but est de toujours savoir où l'on s'en va et de ne pas paraître trop déstabilisé devant les élèves (même si vous l'êtes!).

Une fois votre planification établie, scrutez votre environ-nement. Voyez-vous :

- *les cartes d'absence des élèves ?*
- *un tableau de responsabilités ?*

- *les règles de vie et les conséquences applicables en cas de non-respect ?*
- *d'autres informations pertinentes au bon déroulement de la journée ?*

Nous vous suggérons d'écrire au tableau votre nom ainsi que le plan de la journée ou de la période. Vous pouvez laisser un espace libre à la fin du menu et convenir avec les élèves d'un moment récompense si tout se déroule comme vous le désirez. À la fin de la journée ou de la période, vous pourrez ensemble faire une synthèse du travail accompli et féliciter, s'il y a lieu.

La première impression

Lorsque les élèves entreront dans l'école, ils vous remarqueront et chercheront instinctivement à vous jauger. Une fois en salle de classe, l'image que vous projetterez fera toute la différence. Que sera-t-elle? Une image de sévérité, d'intransigeance et de rigueur ou une image de bonne humeur et d'ouverture? Quelle qu'elle soit, les élèves réagiront à coup sûr.

Il faut d'abord et avant tout être soi-même et mettre les élèves en confiance. Ils ont besoin de se faire rassurer tout en constatant que vous contrôlez parfaitement la situation (même si ce n'est pas toujours le cas). Si vous vous donnez un style qui n'est pas le vôtre, les élèves le percevront et vous serez mal à l'aise. Plusieurs facteurs sont à considérer dans l'attitude à adopter. Par exemple, si vous êtes en présence de petits du préscolaire qui vous semblent timides et troublés de voir quelqu'un d'autre que leur enseignant, il serait préférable d'être doux, chaleureux et souriant à leur arrivée. Cela ne vous empêchera pas d'être ferme dans vos attentes disciplinaires. En revanche, si les élèves sont agités en vous voyant et pensent que la journée sera une partie de plaisir puisque «Claudette n'est pas là», changez votre tactique dès la première réaction inadéquate. Montrez-vous décidé, posé et calme. Promenez-vous lentement dans la classe et surtout, attendez le silence avant d'ouvrir la bouche. Ne répondez pas, dès l'arrivée des élèves, aux questions qui vous seront posées, dites-leur plutôt que vous dévoilerez votre identité lorsque le silence et le calme règneront. Vous pouvez également vous servir, s'il y a lieu, de la même méthode qu'utilise le titulaire. Demander à un élève comment le professeur fait pour avoir le silence (main levée, lumières fermées, compte à rebours) peut s'avérer efficace. Si vous ne réussissez pas à avoir le calme des élèves car ils sont extrêmement agités, surprenez-les. Par exemple, distribuez en ne disant aucun mot des fiches de couleurs différentes. Attendez le doigt sur la bouche. Une fois le silence obtenu, avec une voix faible, dites-leur de se présenter par écrit : recto leur prénom en gros caractères, verso leur description. Vous voulez les connaître. Faites de même sur votre fiche. Une fois l'exercice terminé par la majorité, lisez-leur ce que vous avez écrit. Ils seront à l'écoute : ils sont curieux.

Peu importe la méthode que vous choisirez, l'important est d'avoir l'attention de tous et de les intéresser. Une fois que les élèves seront tout yeux tout ouïe, parlez lentement et à voix basse. Cela aidera à apaiser les esprits agités. Ne criez jamais. Si rien n'y fait et que vous ne pouvez prendre le contrôle de la classe, demandez l'aide d'un autre enseignant ou de la direction. La règle d'or est de rester calme. Caaallllmmmme.

Voici les éléments importants à mentionner lors de votre première allocution :

1- Les salutations et votre nom, vos études et expériences.

2- La durée de votre présence dans la classe.

3- Les règles de vie à respecter et les conséquences aux manquements. Soyez cohérent avec les règles de l'enseignant habituel, en y ajoutant, au besoin, votre touche personnelle; les règles doivent être courtes et expliquées autant que possible. Soyez précis et concis. Par exemple, vous leur dites ceci : « Il y a deux règles auxquelles je tiens : calme et travail (écrivez ces deux mots au coin du tableau comme aide-mémoire pour les élèves). Le calme signifie silence quand je parle et vous, de votre côté, vous levez la main pour demander la parole. Le travail signifie soyez à votre affaire et ne perdez pas de temps. » Faites part également des conséquences positives découlant du travail bien fait.

4- Le menu du jour ou de la période.

Comme dernier point à l'ordre du jour, mentionnez-leur que vous faites toujours un compte rendu détaillé à leur enseignant (les noms des perturbateurs peuvent y figurer aussi), question de le mettre au courant de ce qui a été bien fait ou non. Comme comportement général, faites attention aux patois, aux expressions redondantes et aux tics nerveux. L'expression orale est très importante; elle se doit d'être d'une grande qualité. Vingt-huit paires d'yeux de troisième secondaire vous observeront sous tous les angles afin de vous imiter pour s'amuser. Stressant? Oui, mais restez zen! Évitez de vous passer sans arrêt la main dans les cheveux, de taper du pied, de dire toujours «très bien», de jouer avec votre crayon; cela a un effet agaçant sur les élèves et ils pourraient exploiter ces habitudes à votre insu!

En scène!

Afin de mieux faire connaissance avec vos élèves, vous pouvez leur demander leur nom à tour de rôle. Si vous avez le plan de la classe, il vous sera plus facile de mémoriser les prénoms. Vous pouvez aussi prendre les cartes de présences et nommer les noms qui y sont inscrits. Cependant, dans des classes multi-ethniques, c'est préférable que les élèves le fassent eux-mêmes afin d'éviter que vous déformiez leur prénom (Comment prononceriez-vous Dy'Seana Quattorlet?), un autre prétexte pour une petite séance de franche rigolade! Quant à la prise d'absences, conformez-vous à la routine de l'école.

On peut aussi, si vous ne voulez pas perdre trop de temps avec les présentations, simplement demander aux élèves de se nommer avant de vous adresser la parole. Commencez votre journée en localisant le ou les élèves qui vous semblent des leaders, positifs ou négatifs. Les leaders positifs pourront vous servir de bras droit et vous être utiles lorsque vous aurez besoin d'information concernant le déroulement habituel. Quant aux leaders dits négatifs, vous devrez tenter tout de même de vous en faire des alliés. Il y a plusieurs façons de les mettre de votre côté : dès le début des cours, si un élève qui semble perturbateur lève la main en silence pour parler, accordez-lui la parole et accentuez l'importance de ses propos. Félicitez les bons comportements et non l'élève en particulier, car il pourra se faire traiter de « chouchou du prof ». Si le comportement adéquat ne se reproduit pas, retirez-lui votre attention. Il sera tenté de la recouvrer de la bonne façon. Encouragez les bonnes façons de participer, faites du renforcement positif, quoi!

Si des élèves s'amusent à tenter de vous faire perdre la face, ne perdez pas de temps à argumenter avec eux; appliquez immédiatement les conséquences que vous avez expliquées préalablement. Lorsqu'un élève ne suit pas les consignes, vous pouvez inscrire son nom sur une feuille que vous gardez en lui disant que s'il s'améliore, vous effacerez son nom à la fin de la journée. Sinon, son titulaire en sera avisé et il prendra les mesures qui s'imposeront. Ne reportez pas toujours à plus tard le moment où vous punirez un élève. Les élèves doivent se rendre compte que VOUS êtes la figure d'autorité et vous n'êtes pas là pour être « chum » avec eux. Cependant, plus ils y mettront de la bonne volonté, plus vous pourrez développer une belle complicité avec eux, tout en conservant votre rôle.

Ces nombreuses deuxièmes chances

Jean-Michel vous coupe la parole de façon constante. Voici comment ne pas vous en sortir :

-Jean-Michel, s'il te plaît, arrête de parler en même temps que moi, tu déranges tout le monde.

Il vous regarde l'air béat, se tait quelques minutes et reprend son petit manège.

-Jean-Michel, je viens de te dire d'arrêter de déranger. Si tu recommences, je mets ton nom sur ma feuille, et tu sais ce que ça veut dire, n'est-ce pas ?

Jean-Michel acquiesce et recommence peu de temps après votre intervention.

-Jean-Michel!
Il n'arrête plus de parler et se fout complètement de vous.
-Ça suffit! Aimerais-tu que ton enseignant sache ce que tu fais?
Arrête de déranger !

Vous n'avez jamais écrit son nom. Il s'est joué de votre autorité
et vous mènera par le bout du nez toute la journée, sans
compter que les autres savent maintenant que vous êtes une
chiffe molle.

Pour éviter la confrontation avec un élève en public,
réprimandez-le en privé. Allez le voir à son pupitre. Vous
pouvez aussi le sortir de la classe quelques minutes pour lui
parler ou le garder à l'intérieur lors de la récréation ou après le
cours. Le réprimander devant les autres pourrait vous mettre
une partie de la classe à dos simplement parce que l'élève
perturbateur a une influence, même si elle est négative sur ses
amis de classe et parce que vous, vous n'êtes que de passage.

Nous croyons que les 10 premières minutes, autrement dit
le temps compris entre l'entrée des élèves et la fin de votre
première intervention, sont déterminantes dans l'instauration
de votre autorité. Cependant, il y a toujours moyen de
remédier à une situation que vous n'aimez pas. Soyez franc avec
les élèves. Si vous ne vous plaisez pas en leur compagnie, il y a
une raison. Partagez vos impressions. Après avoir fait un constat
honnête de la situation, voyez quelles solutions les élèves vous
proposent.Vous pourriez être surpris de voir la situation
s'améliorer nettement.

N'hésitez pas à aller parler aux enseignants autour de
vous. En général, ils sont très réceptifs et peu avares de leur
temps. Plusieurs peuvent s'avérer d'un précieux secours, que ce
soit en vous remontant le moral ou simplement en vous
trouvant la clef de la porte de la bibliothèque, barrée devant
une file de 29 jeunes impatients. C'est à ce moment qu'il faut se
montrer créatif et s'ajuster selon les événements qui se
produisent. Toute expérience que vous vivrez, positive ou
négative, sera enrichissante.

Bien sûr, il est évident que si vous venez remplacer dans une classe un vendredi après-midi de juin, 30° C à l'ombre, vous aurez plus de difficulté à maintenir la discipline. C'est normal! Ne tentez pas l'impossible : tentez seulement de sauver les meubles (et votre peau!). Instaurez un climat propice à l'échange et montrez aux élèves que vous les comprenez, que la chaleur vous affecte aussi, mais qu'il faut travailler ensemble du mieux qu'on peut. S'il le faut, réduisez le travail, présentez-leur des portions de tâches, ce qui évitera le découragement.

QUELQUES CAS TYPIQUES

On dirait parfois que certains élèves passent leur journée complète à essayer de vous faire sortir de vos gonds. Imaginez la carrière d'astrophysicien qu'ils feraient si tout ce temps était dédié à l'étude! Les élèves vous testent; ils savent que vous ne les connaissez pas et ils voudront voir si vous êtes aussi naïf qu'ils le croient. Ils ne sont pas méchants... seulement insouciants. Nous avons donc relevé quelques-uns de leurs comportements les plus fréquents lors de journées de suppléance.

Le geignard

Le geignard est l'enfant qui se plaint, se lamente, chiale, pleure, braille. Voilà l'évolution de son comportement et vous voilà maintenant sans énergie. Comment agir avec un être si démoralisant? Cet élève veut probablement attirer votre attention, et plus vous lui en donnerez, plus il trouvera des raisons de se plaindre. Ne dramatisez pas la situation, bien au contraire, allégez-la. Donnez votre attention à des élèves qui ont une attitude positive et qui font des efforts. Si ce geignard fait un moindre effort pour quelque chose, félicitez-le sur-le-champ. Vous pouvez ajouter à l'intention de toute la classe que dans la vie, on ne fait pas toujours ce que l'on veut mais qu'il faut le faire quand même. Il y a des moments propices à la détente et d'autres où il faut travailler. Vous-même n'êtes pas toujours enthousiaste à travailler mais, comme tout le monde, vous faites des efforts pour accomplir certaines tâches moins plaisantes. Votre travail est d'être un bon enseignant et lui, un bon élève. Cela dit, n'argumentez pas plus ; soyez ferme et clair dans vos demandes. Fixez-lui un objectif concret à atteindre comme faire son travail dans les dix prochaines minutes. Il a besoin d'encadrement. Dites-lui que vous reviendrez le voir à la fin de la période pour lui transmettre vos commentaires. N'en ajoutez pas plus. S'il continue de geindre, sanctionnez (billet, mot dans l'agenda ou à l'enseignant). Il est aussi possible de sortir un élève de la classe pour une durée que vous déterminerez. Assurez-vous tout de même de l'avoir constamment sous les yeux. Cette intervention doit être utilisée en dernier recours seulement, et vous devrez parfois en justifier les raisons auprès de la direction ou des parents.

Le « je m'en fous » ou l'enfant Teflon

Le « je m'en fous » n'a qu'un maître et ce n'est surtout pas vous! C'est un des cas les plus difficiles à « traiter » car tout ce que vous essayerez de faire pour le mettre de votre bord ou carrément pour vous faire respecter coulera comme du beurre dans une poêle anti-adhésive, d'où son surnom d'enfant Teflon.

C'est souvent un enfant habitué à se faire réprimander et il est maintenant immunisé contre toute intervention. Il faut lui montrer qu'il peut être autant apprécié que tous les autres et qu'il est capable de « bien faire ». C'est un dur à cuire et il ne veut pas se dégonfler devant les autres. Il vous montrera donc que les conséquences positives ou négatives que vous essayez d'appliquer n'ont aucun effet sur lui. Un des bons moyens d'intervenir est de le prendre à part pendant quelques minutes pour lui parler sérieusement en le regardant bien dans les yeux. Informez-le clairement que vous n'hésiterez pas à demander l'aide de l'éducateur spécialisé, du directeur ou de ses parents s'il le faut. Comment le faire sans vous le mettre à dos? Dites-lui que vous croyez en lui, en ses capacités et en sa bonne volonté. Montrez-lui les côtés positifs d'une bonne conduite. Vous pouvez aussi lui promettre d'écrire un bon mot sur sa conduite à la fin de la journée, qu'il pourra montrer à ses parents et à son enseignant.

En privé, vous pouvez également lui donner une responsabilité « importante » et lui dire que, s'il dérange une seule fois, il perdra cette responsabilité. Par exemple, il pourrait être celui qui distribuera le matériel ou encore celui qui vous aidera à corriger, etc. La frontière entre ces interventions et le chantage, qu'il faut éviter, est très mince. Le but n'est pas de transformer l'élève en chien de Pavlov mais plutôt de favoriser chez lui une participation positive et dont il sera fier.

Le comique

Au début, c'était drôle, mais maintenant vous en avez marre d'entendre des pets et des rots, en plus des blagues indésirables. Sauf que l'initiateur de ces farces a souvent tout le groupe d'élèves derrière lui parce qu'il les fait bien rigoler. Qui n'aime pas rire? Cet élève fait son spectacle et tant qu'il y aura des spectateurs pour encourager ses prestations, il continuera à faire le clown. Comment donc maîtriser ce boute-en-train sans passer pour un trouble-fête ?

Un risque calculé

L'une de nous a tenté le tout pour le tout. Elle faisait de la suppléance dans une classe assez agitée où régnait un grand bouffon qui avait de fidèles admirateurs. En ce beau vendredi après-midi, l'heure était propice à la dérision et ce sac-à-blagues n'y allait pas avec le dos de la cuillère! Malheureusement, tous ces propos guillerets empêchaient le moindre travail productif. Quelques farces auraient suffi à rendre l'après-midi agréable mais là, c'en était trop! Après maints avertissements, notre joyeux luron ne démordait pas de son rôle; il fallait donc jouer d'astuces. Le comique a été invité à venir à l'avant pour se produire devant tout le groupe, comme le fait tout bon comédien. Les élèves se sont bien bidonnés mais la comédie a vite fait de tourner au vinaigre lorsqu'ils se sont aperçus que le comique gaspillait du temps et que le travail non fait se retrouverait sur leur table de cuisine, un beau dimanche avant-midi et que le suppléant s'en lavait les mains !

Dans ce genre de situation, le risque de perdre le contrôle était élevé. Avant de tenter une telle expérience, il est important d'évaluer les facteurs qui feront varier vos chances de réussite. Par exemple, si vous êtes au premier cycle du primaire, vous risquez de vous frapper le nez sur des élèves inconscients des conséquences qu'une telle séance de dilatation de la rate peut avoir. De plus, vous devez vous assurer qu'il y a, dans la classe, des élèves responsables et sérieux. Ces derniers feront prendre conscience aux autres que le maître-farceur joue un sale tour à toute la classe en faisant perdre inutilement du temps pour faire ses galipettes. Quant à vous, tâchez de conserver une attitude calme, détendue, au-dessus de tout cela. Soyez patient, le calme devrait revenir et, à ce moment-là, vous pourrez faire votre leçon de morale et mentionner aux élèves que le travail incomplet sera à terminer à la maison et que l'enseignant sera bien informé de la situation.

Si vous ne choisissez pas cette option, vous pouvez éliminer le facteur perturbateur en sortant l'élève de la classe et profiter ainsi du calme revenu pour inciter les élèves à se prendre en mains et à arrêter d'encourager l'autre dans ses démesures. Les élèves doivent se rendre compte qu'ils sont les premiers perdants dans cette situation, car il ne s'agit pas d'une corvée supplémentaire pour vous, mais bien pour eux. Une fois que vous aurez mis les élèves de votre côté et que vous aurez parlé en privé avec l'amuseur public, réintégrez-le en classe en lui disant bien que ce n'est qu'un essai et que la première diversion mettra fin à la confiance que vous lui accordez.

Pour les élèves plus âgés, profitez de cette ambiance à saveur comique pour en faire un sujet de courte rédaction. Demandez à chaque élève de composer une histoire des plus drôles d'environ 10 lignes dans un temps limité de 10 minutes. Promettez-leur de lire la plus drôle à la fin de la journée, s'ils ont bien agi. Évidemment, votre bon sens saura juger du meilleur texte à lire. Écrire instaure rapidement un climat de calme et, en plus, c'est une activité qui s'insère dans n'importe quel type de pédagogie.

Le menteur

On pourrait également désigner le menteur de « tricheur » ou même d' « hypocrite ». Son slogan : « Oui, on a le droit! » À le croire, leur enseignant permet tout ou presque, même qu'un élève puisse se lever debout sur son bureau pour faire la danse de Saint-Guy pendant les cours d'arts plastiques.

D'abord, l'élève doit comprendre et reconnaître qu'en l'absence de son enseignant, vous êtes la figure d'autorité et que c'est vous qui prenez les décisions en ce qui a trait au fonctionnement de la classe. Il est évident que vous ne savez pas tout et que vous ne pouvez faire exactement comme leur professeur. Vous avez votre propre personnalité, vos façons de faire, mais vous êtes ouvert aux commentaires... tout en demeurant celui qui aura le dernier mot. Il est fréquent de voir un élève essayer d'obtenir une faveur dont il ne pourrait jouir ordinairement. Devenez un « pro » du dépistage de tartufes! Vérifiez les propos suspects auprès d'autres élèves du groupe. Dites à ce fin finaud que vous allez vous informer auprès d'autres collègues à la pause. Cela peut faire cesser ses mensonges. Parfois, les élèves sont de bien mauvais menteurs et cela se sent. Votre jugement est votre meilleur conseiller. Employez la méthode douce ; précisez à Pinocchio que vous lui accorderez votre confiance quand il la méritera. S'il décide de vous mener en bateau, vous vous en rendrez compte rapidement et il perdra votre confiance, et votre estime aussi vite. Évitez de vous le mettre à dos; il pourrait être un élève sujet à inventer de fausses accu-

sations contre vous. Par exemple, il serait capable d'aller racon-
ter à ses parents ou à son enseignant que vous lui avez serré le
bras pour le punir. Si vous croyez qu'il aurait l'audace d'aller
aussi loin, protégez-vous en intervenant auprès de lui seulement en présence de quelqu'un.

L'obstineux

L'obstineux ne reconnaît pas votre autorité ou du moins il la
remet en question. Il nage dans une mer houleuse de
négativisme parsemée de mauvaise volonté. Il mène une lutte
de pouvoir contre vous et exerce ainsi une bien mauvaise
influence sur les autres qui tenteront d'obtenir leur part du
gâteau s'ils voient que cela fonctionne.

Technique du disque brisé

Plutôt que de vaquer à ses occupations d'écolière, Vanessa se
plaît à converser avec Joanie, sa grande amie. Elle dérange les
paisibles travailleurs acharnés.
-Vanessa, retourne à ta place pour travailler, s'il te plaît.
-Oui, oui, ça sera pas long... (mais elle demeure sur place)
-Vanessa, je t'ai demandé de retourner à ton bureau.
Elle vous ignore. Vous vous levez et vous vous dirigez vers elle.
Vous lui demandez de vous regarder droit dans les yeux et vous
répétez la même consigne. Elle vous confronte devant toute la
classe en refusant et vous ne voulez surtout pas perdre la face,
ce qui impliquerait une remise en question de votre autorité.
Face à cette obstination chronique, vous lui donnez deux choix
(qui, en réalité, n'en sont pas):
-Je te donne deux choix. Ou bien tu retournes immédiatement
à ta place et j'oublie tout, ou encore tu n'y retournes pas et tu
auras un billet de non-respect des règlements à faire signer. De
plus, tu devras terminer ton travail en dehors des heures de
cours et tu en recevras un supplémentaire. Que choisis-tu?

Si elle choisit la seconde option, gardez-vous un moment
pour la réprimander en privé et pour bien lui faire comprendre
que vous n'acceptez pas ce comportement et que la prochaine

fois, les conséquences seront bien plus sérieuses qu'un billet et qu'un travail supplémentaire.

Ne vous épuisez pas à essayer d'avoir le dernier mot. Informez tout de suite l'élève des conséquences que son refus de collaborer pourrait entraîner et appliquez-les s'il y a désobéissance. Si vous ne pouvez appliquer immédiatement les conséquences, faites-le dans un temps rapproché et assurez-vous que les autres élèves soient au courant.

L'agressif

La violence ne devrait être tolérée nulle part et il n'y a pas de blague à faire à ce sujet. Quand nous parlons de violence, nous entendons tout acte impulsivement agressif ayant une intention malsaine de déranger émotivement une autre personne. Cela revient donc à dire que l'élève qui ferme le tiroir de son bureau promptement pour défier l'autorité est aussi agressif que celui qui jette ses livres par terre en maudissant. Il doit être maîtrisé rapidement si vous ne voulez pas que la situation dégénère et mette en péril la sécurité des autres élèves ou la vôtre. Il ne faut pas hésiter à demander de l'aide pour intervenir adéquatement auprès des élèves compulsifs, impulsifs ou agressifs. En général, les éducateurs spécialisés sont là pour aider et peuvent sortir l'élève de la classe afin de régler le problème. Ne prenez pas non plus à la légère les menaces verbales qu'un élève profère envers vous-même ou à l'endroit d'un autre élève. Il faut RÉAGIR et revenir sur ses propos pour mesurer la force de la violence. Vous jugerez des suites à donner à ces cas.

À plus long terme, des mesures disciplinaires ou d'encadrement doivent être prises en concertation avec d'autres intervenants (parents et direction) et appliquées le plus rapidement possible. Dans certaines écoles, vous pouvez communiquer directement pas intervox ou par téléphone au bureau de la secrétaire pour demander de l'aide. Surtout, n'hésitez pas à utiliser ce service; personne ne dira que vous êtes incompétent parce que vous demandez de l'aide. La tolérance face à des actes de violence doit se situer au niveau zéro.

Le bizarre

Entrent dans la catégorie du bizarre « le timide maladif » et « le rejeté ». Le bizarre évite de vous regarder en face, est muet comme une carpe ou ne fait pas son travail. Vous lui parlez et il se tait en ne montrant aucune coopération. Vous avez affaire à un être ambigu, qui a parfois une double personnalité et qui ne se confiera pas à vous.

Une des premières choses à faire avec cet élève est sans doute de l'observer. Observez son environnement, ses relations avec les autres, ses travaux précédents. A-t-il des amis ou est-il rejeté des autres? S'il a des amis, qui sont-ils? À quoi s'occupe-t-il lors de ses temps libres? Les relations sociales de cet élève pourraient vous en dire long sur lui. Il ne faut pas sous-estimer ceux qui ne parlent pas, qui semblent au-dessus de tout, qui ont des attitudes étranges. Cela cache parfois de plus gros problèmes. Ce n'est pas à vous de faire un diagnostic exhaustif d'un élève que vous verrez une fois ou deux seulement. Par contre, que faire lorsque vous êtes là?

S'il s'agit d'un élève renfermé, il ne viendra pas à vous. Pour lui parler, vous devrez vous trouver une excuse qui n'a pas nécessairement de lien avec le milieu scolaire. Par exemple, s'il lit un livre, arrêtez-vous près de lui et intéressez-vous à ses goûts littéraires. Il va sans dire que si l'enfant prend la peine de venir vous parler, vous devez l'écouter attentivement. Ne cherchez pas à le psychanalyser, demandez-lui simplement s'il a besoin d'aide. Vous pouvez lui suggérer de consulter ses pairs, lors du conseil de coopération, par exemple. S'il s'ouvre à vous et que ce qu'il vous dit est d'une importance capitale et que cela nuit à son développement, faites un compte-rendu de la situation à l'enseignant en poste afin qu'il prenne la relève lorsque vous serez parti.

Des propos méchants, voire cruels envers un élève rejeté sont souvent entendus dans les classes. Cela est intolérable et pour que règne un climat de confiance et de respect, il est de notre devoir d'empêcher toute tentative d'intimidation de la part des autres. Cela étant dit, ne demeurez surtout pas spectateur d'une scène de violence même si les acteurs vous sont peu connus. Agissez promptement en mettant fin à toute situation inacceptable. Trouvez une façon subtile de valoriser l'enfant rejeté; faites-lui savoir que vous partagez ses goûts littéraires ou ses passe-temps favoris. Il gagnera un point aux yeux de tous et son estime de soi en sera flattée!

SIX RECETTES ÉPROUVÉES

Voici quelques moyens qui ont pour but d'alléger les situations lourdes auxquelles vous devrez peut-être faire face en suppléance ou au début d'un contrat de courte ou de longue durée. Au cours des pages précédentes, nous avons vu des cas typiques de troubles de comportement et avons proposé certaines techniques d'intervention. Voyons maintenant plus en détail des comportements et manières de faire qui pourront vous être utiles lors de votre présence en classe. Au lieu de réagir trop rapidement et inadéquatement, il vaut mieux s'arrêter un moment pour réfléchir aux meilleures solutions. Ce moment est essentiel afin de ne pas s'embourber davantage dans une histoire qui n'aurait pas de fin heureuse. Avec la pratique, on en vient à réfléchir plus vite et à acquérir des réflexes professionnels efficaces qui s'aiguisent avec l'expérience; en d'autres mots, notre cerveau nous dicte immédiatement quoi faire. Mais avant d'en arriver à ce point, il faut de la pratique!

1- Ignorer sans être ignorant

Vous savez qu'il se passe quelque chose d'inapproprié dans la classe, mais vous ne réagissez pas et faites semblant de ne rien voir. Est-ce une bonne méthode d'intervention? Dans certains cas, oui. Nous avons déjà mentionné qu'il suffisait parfois de retirer notre attention d'un élève pour que le bon comportement réapparaisse. En tant que suppléant, le travail demandé est souvent stressant parce que nouveau, et il est difficile d'intervenir à chaque fois qu'un élève s'acquitte mal des tâches demandées. Aussi convient-il d'utiliser le principe de l'ignorance intentionnelle pour ne pas se surcharger. Un élève en présence de son enseignant habituel ne pourra se permettre de manquer à ses obligations sans en subir les conséquences. Malheureusement, il est difficile pour le suppléant occasionnel de toujours exercer un suivi talonné de l'élève. Et ce dernier le sait. Il essaiera donc, plus souvent qu'autrement, d'en profiter et d'abuser de la situation. C'est ce qui dérangera et perturbera l'harmonie de la classe. Une simple étincelle ne cause pas toujours un incendie. Tant que nous ne nourrirons pas en oxygène ce début d'incendie, il s'éteindra souvent de lui-même. C'est une solution qu'il faut bien sûr envisager à court terme, et ce, dans des cas mineurs d'indiscipline. Pour cela, vous devez établir dès le début une liste de priorités en fonction du contexte de la classe. Vous interviendrez auprès de Patrick qui dessine dans son agenda si aucun autre élément ne nuit au bon fonctionnement de la classe. Par contre, vous allez ignorer intentionnellement cette pécadille dans une classe de 31 ados essayant d'allumer un feu dans la poubelle près de votre bureau. À vous de choisir là où il faut sévir, car vous ne pouvez le faire à tout instant tout en continuant votre enseignement. Et quand vous sévirez, faites-le sans trop d'émotivité, d'un air plutôt détaché. Faites seulement ce que vous aviez dit que vous feriez. Agir professionnellement plutôt que réagir personnellement.

En tant que suppléant, nous ne sommes pas en mesure de savoir si un élève a un problème plus profond aux plans familial, psychologique, social ou autre. Nous ne voyons pas la pertinence d'analyser les problèmes des élèves que l'on connaît peu. Laissons cela aux tuteurs de classe et aux spécialistes concernés qui seront en mesure de juger de l'évolution ou de la régression de l'élève puisqu'ils travaillent avec lui régulièrement.

2- Favoriser l'humour

Dans le même ordre d'idées, une autre façon de désamorcer les « bombes à retardement » en suppléance est d'utiliser l'humour. Mais attention, n'utilisez surtout pas un humour gratuit et dévalorisant; allez-y plutôt avec un humour fin et subtil, composé de jeux de mots qui font sourire les élèves sans pour autant les énerver et les faire sortir du contexte scolaire. Ne vous gênez pas pour gesticuler et mimer des situations embarrassantes qui ont pu se produire. Lorsque vient le temps d'expliquer des règlements qui n'ont, à première vue, aucune raison d'être pour les jeunes, il vaut mieux les exagérer pour démontrer leur bien-fondé. C'est ici que vous ferez ressortir davantage votre « côté acteur ». Et s'il ne s'est jamais pointé le bout du nez, c'est le temps ou jamais de le faire émerger! Certains élèves sont visuels, d'autres auditifs, d'autres kinesthésiques. Variez vos façons de communiquer pour rejoindre la majorité.

Les mimiques, les jeux de mots, les anecdotes et autres moyens de détendre l'atmosphère sont toujours bienvenus. N'ayez pas peur de les utiliser, vous créerez ainsi un bon climat de classe qui sera propice à l'apprentissage. Vous mettrez les élèves de votre côté et lorsqu'il sera temps d'être sérieux, ils chercheront à vous imiter.

Pris au piège

Quand une de nos collègues a annoncé qu'elle était dans la classe pour toute la journée, un élève de cette sixième année a crié : « AH NON! » déclenchant ainsi une moquerie collective. Elle a rétorqué, le sourire aux lèvres et l'air enjoleur, qu'elle pariait qu'il ne pourrait s'empêcher de lui écrire une lettre d'amour d'ici la fin de son mandat. Séduit, il en est resté bouche bée.

Pour un enseignant, avoir la répartie facile est certes aidant. On règle rapidement ce qui pourrait être cause d'indiscipline. On reprend les rênes sans lutte de pouvoir. Nous croyons que la séduction occupe une grande place dans l'enseignement et, qu'utilisée à bon escient, elle peut favoriser une bonne gestion de classe.

Pour des règles de conduite simples et universelles, lancez-vous dans une anecdote, amplifiée ou carrément fictive, qui fait état des conséquences « dramatiques » qui ont eu lieu dans une école que vous avez déjà visitée. Une petite exagération à ce sujet met du piquant et les élèves retiennent davantage la règle à respecter. Par exemple, racontez très lentement : « Dans une école où je suis allée, tout le monde laissait traîner ses déchets dans la cour de récréation ; un jour... le camion de vidanges est venu directement dans la cour pour ramasser les déchets qui ont été mis dans le camion... par les élèves, à la fin des cours. Imaginez! »

Bombe désamorcée

À la récréation, un élève s'était soi-disant « grièvement blessé » (en fait, il était tombé, s'était fait marcher sur le doigt et cherchait à incriminer un coupable). J'ai caricaturé la situation en lui demandant s'il fallait appeler une ambulance suivie d'une escorte d'urgence-santé 911 pour l'amputation à froid de son auriculaire. Il n'a pu qu'en rire et est retourné jouer. La douleur avait magiquement disparu.

3- Être cohérent

L'ignorance intentionnelle et l'humour sont deux façons de s'en sortir la tête haute. Cependant, elles doivent être régies par une ligne de conduite que l'on appelle la cohérence. Être cohérent, en tant que suppléant, veut dire que l'on profite du court laps de temps qui nous est alloué pour montrer que l'on est juste et que l'on met en pratique ce que l'on dit.

Maître Kevin sur sa chaise perchée

Kevin faisait de l'équilibrisme en se tenant sur les deux pattes arrière de sa chaise. Il dérangeait par son mouvement de va-et-vient et l'enseignant appréhendait de le voir s'étendre de tout son long sur le sol. Il y avait danger. Il fut averti de cesser sinon il se verrait privé de sa chaise. Il a récidivé. Le temps était donc venu de lui retirer son siège pendant une dizaine de minutes afin que lui et le reste de la classe comprennent que l'enseignant ne dérogeait pas à ses dires. Ainsi, ce dernier a été crédible et cohérent, car il a passé de la parole aux actes.

Faites attention pour qu'une situation semblable ne soit pas prise comme un jeu ; si tel est le cas, retirez-lui sa chaise pour une période plus longue. Il en rira au début et voudra vite remettre son postérieur sur cet objet de bois tout de même confortable. Vous pouvez aussi le faire asseoir près de votre bureau à l'avant.

4- Utiliser des petits signes qui en disent long

Même si le sujet a été maintes fois adordé dans plusieurs ouvrages, nous croyons important de faire ressortir les lignes directrices des interventions de base. En tant que suppléant, vous n'avez pas vraiment le pouvoir de faire des interventions très poussées. C'est pourquoi l'utilisation d'un langage non verbal est appropriée puisqu'elle est facile à mettre en place, peu dérangeante pour le reste du groupe et qu'elle vous évite de parler pour rien. De plus, l'élève concerné est souvent le seul à le décoder. Le principe de réprimander discrètement est respecté par le fait que vous contrôlez individuellement l'élève fautif, sans perturber l'harmonie de la classe. Votre énergie est conservée pour d'éventuelles situations plus corsées.

Économie d'énergie

Alexandra ne cesse de commérer avec sa voisine et elle vous dérange dans votre explication. Vous vous déplacez vers elle en la regardant droit dans les yeux et en continuant votre exposé. Vous arrivez à son pupitre et placez une main sur son épaule en restant à ses côtés quelques instants. Une fois l'intervention terminée, vous lui faites un clin d'oeil et un sourire tout en retournant à l'avant. Vous venez, de ce fait, de régler une situation dérangeante en ne vous vidant pas de toutes vos énergies.

Cette façon d'intervenir a été adéquate et économique. Elle a permis d'assurer un contact direct avec l'élève et de démontrer votre appréciation lorsque le bon comportement est apparu. En utilisant des petits gestes, vous vous évitez d'avoir recours à des réprimandes répétitives et interminables... qui n'auraient pas plus d'impact. Si vous sermonnez sans cesse, vous ne serez pas apprécié des élèves et les réprimandes deviendront une habitude pour ces derniers qui finiront par les ignorer (preuve que le principe de l'ignorance intentionnelle est également appliqué par les élèves!).

Voici donc quelques façons de montrer la désapprobation sans dire un mot:

- *Signe désapprobateur de la tête (faire non).*
- *Main qui fait signe d'arrêter ou d'attendre.*
- *Sourcils froncés, yeux fâchés.*
- *Index sur la bouche (qui signifie "chut!").*
- *Saisir tout simplement l'objet dérangeant,*
  sans donner d'explication.
- *S'approcher du pupitre de l'élève.*
- *Arrêter de parler quelques instants.*
- *Baisser la voix en regardant l'élève.*

5- Fournir continuellement du travail

Il faut tenir occupés les élèves qui ont fini leurs travaux afin d'éviter qu'ils profitent de leur temps libre pour déranger. Une des façons d'éviter l'indiscipline est de fournir continuellement des activités, même si elles n'entrent pas nécessairement dans le programme scolaire. Celles-ci doivent être adaptées aux différents degrés. Au besoin, utilisez la photocopieuse de l'école. Pourraient être incluses dans cette banque des activités d'associations et de calculs rapides, des mots-mystères, des mots croisés, des résolutions de problèmes, des histoires à compléter, des mini-recherches sur un sujet donné, des diagrammes à interpréter, selon qu'on soit au niveau primaire ou secondaire. Bref, des activités qui favoriseront l'autonomie des élèves. Au fil du temps, vous accumulerez des idées d'activités proposées par les enseignants en poste et vous pourrez voir le degré d'intérêt manifesté par les apprenants. Il faut aussi oser, expérimenter, sortir des sentiers battus. Le but est de rendre le climat de la classe favorable tant au point de vue apprentissage que discipline.

6- Faire participer l'apprenant

Dans le but d'avoir l'attention de tous, vous devrez vous montrer fin renard afin de subjuguer les élèves. Tant qu'ils seront attentifs, vous garderez un niveau acceptable de discipline et ils voudront participer. Il serait bon de spécifier que, quand nous disons participer, nous ne parlons pas seulement des cinq ou six élèves qui participent toujours, mais de ceux qui ne font pas l'effort de participer, soit parce qu'ils sont timides ou parce qu'ils utilisent leur temps pour déranger. Dans votre ferveur participative ou votre trop grand enthousiasme, faites attention à son effet d'entraînement ; vous ne faites pas un spectacle d'animation. Notre objectif est de maintenir l'élève attentif et participant. Ni plus ni moins. Lorsque vous êtes dans une classe en tant que remplaçant, un effet d'entraînement à l'énervement peut perdurer longtemps voire toute la journée et vous faire vivre l'enfer sur terre. Il faudra donc doser adéquatement vos élans énergiques et ne pas vous laisser trop aller devant les élèves car ils voudront faire de même...

Il pourrait vous arriver de revenir d'une pause durant laquelle vous vous êtes dit que tout s'était merveilleusement bien déroulé, que vous êtes génial et que l'enseignement est la plus belle chose qui existe en ce bas monde. Bravo pour cette découverte! Mais attention: l'euphorie ne pourrait être que passagère car les enfants pourraient s'emballer et se permettre des écarts de conduite en pensant que votre idée est faite à leur sujet. Vous risquez ainsi de perdre le contrôle ou de briser le calme et l'harmonie qui régnaient auparavant.

Une bonne façon d'inciter toute la classe à participer est d'utiliser la pige au hasard pour faire répondre les élèves. Ces derniers voudront être prêts à répondre si leur nom sort et ils seront ainsi plus attentifs. Si vous avez fait faire des cartes de présentation comme suggérées auparavant, servez-vous-en. Si vous n'en avez pas, utilisez les cartes d'absence, des bâtons de popsicles que vous aurez apportés et sur lesquels vous aurez inscrit des numéros (les élèves du primaire ont presque toujours un numéro qui leur est propre). Quand vous n'utilisez pas la méthode aléatoire, prenez garde de ne choisir que les élèves qui ont la main levée. Il est évident que ceux-là suivent. Allez chercher les autres qui ne vous regardent pas et qui semblent occupés à faire autre chose. Si les élèves sont placés en équipes, vous pouvez faire un petit concours de la meilleure équipe afin de mettre du piquant dans votre enseignement. Allouez ou supprimez des points lorsque, par exemple, une équipe est prête la première pour travailler, lorsque tous les bureaux de ses membres sont bien rangés, qu'ils ont fini la tâche en premier, et ainsi de suite. Un petit peu de compétition dans la classe ne fait pas de mal en autant qu'il y règne un climat de respect et qu'on ne dévalorise personne.

Ayez une vitesse de croisière assez élevée dans le but de maintenir l'attention des élèves et d'éviter les temps morts où ils pourraient s'énerver ou déranger le voisin. Cela les met au défi de vous suivre et de rester actifs dans leurs apprentissages. Cependant, si vous voyez des points d'interrogation dans les yeux des élèves, arrêtez tout et faites le point. Questionnez-les, faites des synthèses, évaluez leur compréhension afin d'ajuster votre enseignement. Rien ne sert de vouloir tout faire à tout prix; privilégiez la qualité à la quantité.

DES CHOIX PÉDAGOGIQUES

Quel type de pédagogie choisir?

Selon la durée de votre séjour dans la classe, il vous appartient d'adapter ou non votre façon de faire à celle de l'enseignant. Par contre, il ne faudrait pas trop entrer en contradiction avec les méthodes déjà instaurées au sein de la classe. Si vous avez une certaine liberté de choix pour agir, les modes de fonctionnement proposés ci-après vous aideront à varier votre enseignement, ce qui aura pour effet d'intéresser davantage les élèves et de mieux contrôler la discipline.

- *Cours magistral.*
- *Enseignement stratégique.*
- *Apprentissage coopératif.*
- *Travail individuel et autonome.*
- *Travail en dyade ou en triade.*
- *Apprentissage par projets.*
- *Travail par ateliers (multi-âges pour les doubles niveaux).*
- *Autres.*

Il s'avère important de se connaître comme pédagogue, de savoir ce qu'on aime et ce dans quoi on est à l'aise. Pour cela, il faut d'abord maîtriser les différents types de pédagogies et mettre continuellement à jour nos connaissances en ce domaine.

Comment aider les élèves en difficulté?

En classe, nous sommes en présence d'une multitude d'individus ayant chacun leurs caractéristiques et leur personnalité. Plus vous aurez acquis d'expérience en situation de classe, plus cela deviendra facile.

Généralement, l'enseignant vous a laissé une planification qui vous dira quoi faire et non comment faire. C'est ici que vos connaissances universitaires entreront en jeu et que l'on reconnaîtra vos qualités de bon pédagogue.

Il est malheureusement trop facile d'oublier les élèves qui ne savent répondre aux exigences demandées. De plus, parmi les élèves travaillant en petits groupes, certains peuvent aisément se défiler devant les tâches alors que les autres font tout. Avons-nous le temps de nous occuper des difficultés des élèves quand nous en avons déjà plein les bras pour tout faire fonctionner rondement? Oui. On a toujours un peu de temps pour expliquer une notion de manière différente à un élève en particulier.

Voici quelques pistes d'actions qui peuvent faire toute la différence pour ces élèves :

• Le temps consacré à un élève en difficulté ne devrait pas être très long, mais utilisé dans le but de le guider à s'aider lui-même, à devenir autonome. Il s'agit d'enseignement stratégique; vous lui donnerez des stratégies précises et concises à mettre en application.

• Le fait de ne pas vous attarder trop longtemps sur un seul et même élève vous permettra de garder à l'oeil le reste de la classe. Il y a peut-être des élèves qui font semblant de comprendre; vous devez les identifier et intervenir auprès d'eux aussi.

• Une fois le travail terminé, les élèves plus performants se font souvent une joie d'aider ceux qui éprouvent des difficultés. L'explication est parfois mieux comprise si elle provient d'un camarade de classe que de l'enseignant. Favorisez la coopération et l'entraide entre les élèves.

• Dans certaines classes, du temps est prévu à l'horaire pour de l'aide individuelle avec un intervenant. Souvent, les élèves visés savent quand ils le rencontrent et vous le diront. Vous pouvez donc leur donner le travail à faire pour qu'ils le réalisent avec l'orthopédagogue.

• Si vous voyez que l'écart entre un élève en difficulté et le reste de la classe est trop grand, vous pouvez choisir de le garder en dehors des heures de classe à des fins de tutorat ou encore de faire compléter le travail en devoir à la maison.

• Vous pouvez également choisir de réduire le travail d'un élève en éliminant certains exercices ou en raccourcissant un projet à remettre si la durée de votre présence vous permet de faire ce suivi.

• Assurez-vous d'appuyer continuellement les efforts de l'élève et veillez à ce qu'il ne soit pas découragé par ce qu'il ne peut pas faire, mais bien valorisé par ce qu'il a accompli.

• Vérifiez régulièrement ses travaux afin d'évaluer ses apprentissages et ses progrès.

• Lors d'une suppléance à long terme, avisez les parents des difficultés de leur enfant; ils vous seront reconnaissants de ce geste.

Comment corriger?

Puisque c'est un travail assez mécanique et n'exigeant pas de connaissances trop élaborées (le corrigé est souvent fourni), les enseignants laissent parfois au suppléant beaucoup de corrections à faire avec les élèves. Il y a aussi les devoirs de la veille à corriger. Comment donc rendre cette corvée moins lourde et moins ennuyante?

Voici des pistes de travail :

- *Vous dites les réponses, les élèves se corrigent individuellement.*
- *Vous dites les réponses, les élèves corrigent le cahier de leur voisin.*
- *Vous faites venir un élève au tableau en le nommant au hasard ; il fait le travail et vous complétez avec des explications pour l'ensemble de la classe.*
- *Les élèves se corrigent grâce à une grille de correction.*

- *Vous corrigez vous-même le cahier d'un élève en lui donnant individuellement du feed back ; les autres travaillent en silence.*
- *Vous ne corrigez que les numéros qui ont posé des problèmes ou seulement ceux qui vous semblent les plus difficiles ou pertinents.*

Comment récompenser?

Tout le monde ne partage pas le même avis au sujet des méthodes d'émulation. Il peut être indiqué de promettre aux élèves une récompense à la fin de la journée pour souligner les bons comportements et le respect des règles que vous avez expliquées en début de journée. Même les enseignants réguliers γ ont recours. Soyons réalistes. Nous pouvons bien dire que la motivation intrinsèque de l'élève est la meilleure, que l'élève doit être fier de sa réussite et de son comportement sans attendre un bonbon mais, dans la réalité d'une journée de suppléance, vous ne pourrez pas seulement appuyer votre discipline sur la fierté personnelle de l'élève et sur l'apprentissage qu'il fera. Dans la majorité des cas, les élèves ne sont pas encore assez responsables et conscients pour savoir apprécier ce qui les fera grandir. Les enfants du primaire attachent beaucoup d'importance aux choses matérielles. Des petits gadgets (collants, crayons décoratifs, porte-clefs, friandises, etc.) ou du temps libre les encourageront à se surpasser. Cela fera parfois toute la différence et le climat d'apprentissage en sera favorisé. Il y a toutefois un danger : laisser de telles méthodes de conditionnement prendre toute la place et ainsi devenir un suppléant-bonbon. C'est pourquoi il convient d'insister lorsque l'on remet un prix sur le fait que l'élève doit avant tout être fier de lui, que l'objet en question est mérité et qu'il l'a gagné grâce à son bon travail ou à son bon comportement. Lorsque vous reviendrez dans la même classe, il y a de fortes chances que vous n'ayez plus besoin de ce type de renforcement.

Les tirages sont aussi une forme de récompense souvent utilisée par les enseignants du primaire. Il en existe plusieurs types. Par exemple, vous pouvez distribuer tout au long de la journée des billets sur lesquels les élèves écriront leur nom et qu'ils viendront déposer à l'avant. Plus les enfants ont de billets, plus ils ont de chances de gagner! Gardez des petits billets dans vos poches et distribuez-en quand bon vous semble.

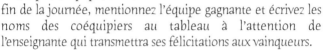

Également, si les élèves sont placés en équipes, vous pouvez instaurer un léger climat de compétition. Vous pouvez attribuer ou retirer des points selon des critères préétablis tels que effort, travail, esprit d'équipe, etc. À la fin de la journée, mentionnez l'équipe gagnante et écrivez les noms des coéquipiers au tableau à l'attention de l'enseignante qui transmettra ses félicitations aux vainqueurs.

Parfois, avec les plus vieux, les tirages ou les concours ne provoqueront pas l'engouement désiré. Il vous faut trouver autre chose qui les motivera. C'est à ce moment que vous leur promettrez une période au cours de laquelle ils pourront vaquer à des activités libres comme lire le roman de leur choix ou prendre de l'avance dans leurs devoirs. Cette période est donnée seulement si travail et comportement ont été conformes aux exigences. Si vous optez pour une période sportive, vous pouvez laisser voter les élèves pour le sport ou le jeu de leur choix. Ne vous gênez pas pour exiger la participation de tous! Vous pouvez vous servir de cette période libre pour placer les élèves en ateliers; disposez les bureaux de façon à avoir 4 ou 5 élèves par atelier. Il peut s'agir d'ateliers de dessin, de bricolage, de jeux de société, de lecture, d'ordinateur ou autres. Le but est de ne pas laisser un élève oisif, mais libre de choisir une activité qui lui plaît.

Au secondaire, compte tenu de l'enseignement par périodes bien arrêtées, vous pouvez quand même récompenser le groupe qui a bien travaillé en laissant place à la discussion guidée sur un sujet que vous aurez choisi, durant les dix dernières minutes. L'oral fait partie des compétences à développer et les élèves seront heureux de cette initiative et surtout... de terminer la période en laissant libre cours à leur expression. Vous deviendrez un « super » enseignant. On vous redemandera.

Que vous choisissiez ou non une de ces méthodes d'émulation, assurez-vous que le climat de la classe reste basé sur la qualité de l'apprentissage. Rappelez-vous que, dans l'utilisation des récompenses, « la modération a bien meilleur goût! ».

LA CONSCIENCE DU TRAVAIL BIEN FAIT

Déontologie : droits et devoirs

Comme pour toute bonne profession qui se respecte, nous avons, en tant qu'enseignants, des droits et des devoirs inhérents à notre travail. Les articles 19 et 22 de la Loi sur l'Instruction publique du Québec font mention de certains droits et devoirs.

DROITS DE L'ENSEIGNANT

19. Dans le cadre du projet éducatif de l'école et des dispositions de la présente loi, l'enseignant a le droit de diriger la conduite de chaque groupe d'élèves qui lui est confié.
L'enseignant a notamment le droit :
1° de prendre les modalités d'intervention pédagogique qui correspondent aux besoins et aux objectifs fixés pour chaque groupe ou pour chaque élève qui lui est confié ; **2°** de choisir les instruments d'évaluation des élèves qui lui sont confiés afin de mesurer et d'évaluer constamment et périodiquement les besoins et l'atteinte des objectifs par rapport à chacun des élèves qui lui sont confiés en se basant sur les progrès réalisés. 1988, c. 84, a. 19.

DEVOIRS DE L'ENSEIGNANT

22. Il est du devoir de l'enseignant : **1°** de contribuer à la formation intellectuelle et au développement intégral de la personnalité de chaque élève qui lui est confié ; **2°** de collaborer à développer chez chaque élève qui lui est confié le goût d'apprendre ; **3°** de prendre les moyens appropriés pour aider à développer chez ses élèves le respect des droits de la personne ; **4°** d'agir d'une manière juste et impartiale dans ses relations avec ses élèves ; **5°** de prendre les mesures nécessaires pour promouvoir la qualité de la langue écrite et parlée ; **6°** de prendre des mesures appropriées qui lui permettent d'atteindre et de conserver un haut degré de compétence professionnelle ; **6.1°** de collaborer à la formation des futurs enseignants et à l'accompagnement des enseignants en début de carrière ; **7°** de respecter le projet éducatif de l'école. 1988, c. 84, a. 22.;1997, c. 96, a. 10.

Bien sûr, à cela se greffe le devoir de respecter les droits de la personne tels que décrits dans la Charte des droits et libertés de la personne. Tout cela s'applique même si vous n'avez pas votre « propre » classe et que vous êtes suppléant. Il faut faire preuve de jugement professionnel. Par exemple, si un élève quitte la classe en crise, resterez-vous avec les 26 élèves de la classe ou partirez-vous à la suite du fuyard? Les 26 élèves qui travaillent calmement ne sont pas en situation critique et vous pouvez sans doute les laisser quelques minutes sous la supervision de l'enseignant voisin, le temps de régler le problème. L'élève en crise nécessite une supervision constante de votre part puisque le risque d'incident est plus élevé pour lui. Dans la hâte ou l'énervement, peut-être ne ferez-vous pas le bon choix, mais vous devez être capable de justifier vos actions qui se feront probablement en fonction de vos valeurs, de vos connaissances et de votre expérience professionnelle. Vous devrez prouver que vous avez agi en toute bonne foi si un malheur se produit. S'il y a non-respect de ces devoirs, des sanctions pourraient être appliquées contre vous. Rappelez-vous toujours que vous êtes totalement responsable de chacun de vos élèves et que plus vous les aurez à l'oeil, mieux ce sera. Ce n'est qu'en cas d'urgence que vous laissez le groupe. En tout temps, vous devez être présent dans la classe. Pas question d'aller vous chercher un café au salon des profs!

En plus des devoirs à remplir, nous avons également des droits qui doivent être respectés et qui figurent dans la convention collective des enseignants. Procurez-la-vous dès que vous êtes embauché dans une commission scolaire. Il y a une section qui décrit les droits et les devoirs qui concernent les suppléants. Avoir une connaissance générale de la politique de l'école où vous allez régulièrement faire de la suppléance est aussi un atout. De plus, lire les premières pages de l'agenda des élèves vous informera grandement des règlements de l'école. Informez-vous, discutez avec les enseignants, participez aux réunions et aux assemblées si on vous le permet (si vous ne le demandez pas, vous ne le saurez jamais!).

Éthique et professionnalisme

Nous devons toujours faire de la suppléance dans l'optique de revenir dans la classe ultérieurement. Si ce principe n'est pas ancré dans votre esprit, vous ne sentirez pas l'importance de bien encadrer les élèves et d'avoir leur respect. Ce que vous laissez derrière vous est un bagage que vous retrouverez lors d'une autre journée. Si, malgré toute votre bonne volonté, une journée s'est mal déroulée, gardez-vous un moment à la fin de celle-ci pour effectuer un retour avec les élèves dans le but de verbaliser ce qui s'est produit afin de trouver des pistes de solutions pour la prochaine fois. Les élèves verront que vous êtes sérieux et que vous avez à cœur le travail bien fait, autant pour eux que pour vous. Ce sera un moment privilégié pour faire part de vos émotions (positives et négatives) face au déroulement de la journée. Assurez-vous de laisser derrière vous une classe propre, bien rangée et des bureaux convenablement alignés.

Si vous avez l'occasion de parler à l'enseignant avant d'aller faire de la suppléance dans sa classe, la tentation sera peut-être forte de lui demander s'il a une classe agitée ou s'il y a un ou des élèves qu'il faut surveiller de près. Si c'est lui qui vous en parle le premier, soyez tout ouï et profitez-en pour demander des conseils qui pourraient vous être utiles lors de situations problématiques. Par contre, s'il se fait muet à ce sujet, il est préférable de ne pas en parler et de vraiment partir à zéro avec la classe. Il s'agit d'éviter d'entretenir des préjugés envers des élèves avant même de les connaître. Vous serez bien en mesure d'intervenir selon votre bon jugement, en temps et lieu. Si vous retournez dans une école où vous êtes déjà allé, nous vous suggérons de rencontrer l'enseignant que vous avez déjà remplacé. Demandez-lui s'il a été satisfait et mentionnez-lui que vous êtes toujours disponible pour travailler dans sa classe. Ce lien sera favorable de part et d'autre et ce sont les élèves qui en bénéficieront le plus. Ils sauront que vous êtes en contact avec leur enseignant et seront plus respectueux.

On ne fait pas de la suppléance pour plaire à l'enseignant absent ou pour se faire un nom. Nous ne sommes pas là en tant que gardien, mais en tant que professionnel. Ce n'est pas grave si nous n'avons pas toujours le temps de tout terminer ; il faut également se servir de son jugement pour mettre l'accent sur ce qui est important, pour décider si on finit une activité à tout prix ou si on en aborde une autre pour suivre l'horaire. Parfois, il vaut mieux prendre le temps de finir une activité plutôt que de s'éparpiller en de multiples petites tâches à moitié finies. Les enseignants vous laisseront souvent beaucoup trop de travail à faire en une journée ; c'est pour que vous n'en manquiez pas. Ils ne s'attendent pas nécessairement que vous fassiez le tout. Il est préférable qu'ils vous en laissent plus que pas assez. Mettez-vous toujours à la place de l'enseignant ; préféreriez-vous plusieurs travaux plus ou moins bien faits ou un travail approfondi et bien assimilé de la part des élèves? Répétons ici l'importance de toujours justifier ses choix : vous pourriez avoir des comptes à rendre. À la fin de la journée, il est préférable de laisser le plan de travail que l'enseignant vous a écrit, s'il y a lieu ; ce dernier pourrait s'en servir pour redémarrer son enseignement à son retour.

Dans le même ordre d'idées, nous trouvons indispensable de prendre le temps de remettre à l'enseignant un rapport descriptif et surtout objectif sur ce qui s'est passé pendant que vous étiez en charge de la classe. Il doit être rédigé dans un français impeccable. Les fautes indiquent une lacune dans votre formation professionnelle. Ce rapport devrait, sommairement, contenir trois parties constituant une synthèse du temps que vous avez passé en classe :

1 *Une description de ce qui a été accompli,*
   terminé, corrigé ou complété.

2 *Un commentaire sur le comportement des élèves ;*
   c'est le temps de décrire, au besoin, les problèmes
   rencontrés et le suivi qu'on y a fait.
   C'est le temps d'écrire aussi les grandes qualités du groupe.

3 *Votre appréciation personnelle; cette partie peut être*
   plus subjective, mais elle doit demeurer exempte de
   jugement de valeur sur les élèves. Insistez sur les faits.

Vous pouvez également laisser votre numéro de téléphone ou votre carte d'affaires au cas où l'enseignant aurait besoin de vous rejoindre. Il vaut mieux être très honnête lorsque l'on écrit des commentaires au professeur. Si la journée s'est bien déroulée, tant mieux, inscrivez-le fièrement. Mais s'il y a eu des accrocs ou si cela a été la débandade totale, il faut le mentionner. Pourquoi? Premièrement, les élèves sont parfois très bavards et si des élèves n'ont pas aimé leur journée parce que ce fut le chaos, ils n'hésiteront pas à le dire à leur enseignant qui s'apercevra que vous avez embelli les faits seulement dans le but de revenir travailler. Deuxièmement, vous avez manqué d'éthique et l'enseignant ne pourra intervenir correctement à son retour, ce qui aura comme conséquence de rendre difficiles les prochaines journées de suppléance. Vous avez plus de chance de revenir dans une classe où vous avez transmis un compte rendu authentique et objectif des faits et des méthodes que vous avez appliquées (même si elles furent sans succès) que si vous avez menti en disant que tout était beau. Si vous revoyez l'enseignant, demandez-lui des conseils d'interventions spécifiques à son groupe pour la fois suivante. Il vous trouvera sans doute très professionnel et sera tenté de faire appel à vous à nouveau. À l'opposé, ne le cachons pas, il y a quand même des lieux de travail où nous sommes mieux de ne pas retourner vous risquez l'épuisement et le découragement. Nous le rappelons : nous sommes des professionnels et nous n'avons pas à accepter n'importe quel travail sous prétexte que nous voulons nous faire connaître du plus grand nombre.

Le tableau qui suit présente quelques actions pouvant paraître anodines, mais qui pourraient s'avérer très précieuses pour un meilleur partenariat enseignant et suppléant.

L'entraide entre professionnels

Un enseignant aidant pour le suppléant :

- laisse une planification claire et complète;

- dépose les livres et le matériel nécessaire à la vue;

- monte un dossier de suppléance qui contient les règlements de classe, l'horaire des cours, les noms et les caractéristiques spéciales des élèves (allergies, médications, déficiences...) et quelques activités de dépannage;

- apprécie le travail fait par le suppléant et le lui fait savoir, si possible;

- a des attentes réalistes quant au travail;

- met en place un système disciplinaire;

- ne dénigre pas la pédagogie du suppléant;

- rappelle le suppléant qui a fait du bon travail.

Un suppléant aidant pour l'enseignant :

- prévoit et apporte du matériel à utiliser;

- arrive 30 minutes avant le début des cours pour prendre connaissance du travail à faire;

- laisse le travail corrigé, si demandé;

- prend des initiatives;

- laisse un rapport de la réalité vécue en classe et des traces de son enseignement;

- se préoccupe de la discipline;

- est positif dans ses actions;

- ne dénigre pas la pédagogie et le travail de l'enseignant;

- finit ce qu'il commence;

- laisse la classe et le matériel en ordre;

- va rencontrer l'enseignant lorsqu'il retourne à l'école.

À VOUS DE JOUER!

Après avoir fait plusieurs journées de suppléance, vous serez connu et cela augmentera vos chances d'obtenir un contrat de courte ou de plus longue durée. De plus, votre nom sera inscrit sur une liste de rappel. Enfin, comme ultime étape, vous pourrez postuler pour un emploi permanent, lors d'ouvertures de postes d'enseignants. Si, malgré tout, vous avez encore des questions, consultez votre entourage: professeurs à l'université, connaissances qui travaillent dans le milieu scolaire ou encore, appelez directement dans les commissions scolaires, les personnes qui y travaillent pourront peut-être mieux vous conseiller. Pour avoir la liste des commissions scolaires, visitez Internet au site de la Fédération des commissions scolaires du Québec (www.fcsq.qc.ca); elles y sont toutes regroupées.

Nous espérons que la lecture de ce livre vous aura permis de vous mettre davantage en confiance face à la nouvelle aventure qu'est pour vous la suppléance. Personne ne peut être toujours excellent, mais tout le monde connaît un jour ou l'autre son heure de gloire. L'expérience vient avec la pratique et il n'y a pas de recette miracle. Toutefois, le fait de parler de ce que vous vivez en faisant de la suppléance avec d'autres personnes augmentera votre bagage et vous aidera à cheminer le mieux possible dans votre profession. N'oubliez pas de prendre du bon côté la vie d'enseignant et évitez de vous stresser avec les éléments incontrôlables... la vie est trop courte. Il vaut mieux rire de ses petites erreurs et célébrer ses victoires! Pour terminer, disons que la personne qui apprend le plus dans une classe de suppléance est certes... le suppléant lui-même!